AF370850

MEMOIRE

POUR MARIE-JEANNE DE BELLINGANT DE KERBABU, Veuve de Meſſire GILLE Comte d'HAUTEFORT, Lieutenant General des Armées Navales, Intimée & Défendereſſe.

*CONTRE le Marquis d'*HAUTEFORT, *Appellant comme d'abus de la célebration du Mariage de l'Intimée, Appellant de la Sentence du Chaſtelet du 22 Juillet 1732, & Demandeur en Requête du 15 Mai 1734.*

L'Acte de celebration du Mariage de l'Intimée n'a jamais été un problême pour ceux que l'interêt & la paſſion n'aveuglent point. Perſonne n'a dû ſe perſuader qu'une Demoiſelle d'une nobleſſe ſi ancienne que l'origine s'en perd dans l'obſcurité des ſiecles ; qui a reçu une éducation proportionée à ſa naiſſance ; & ſur la conduite de laquelle, après les plus éxactes perquiſitions, des ennemis puiſſans & acredités, qui ſe ſont portés contre elle aux plus étranges excès, n'ont pu parvenir à faire naître le plus leger ſoupçon, eût fabriqué dans les tenebres de faux titres, pour uſurper un état qui ne lui appartenoit point.

L'évenement a bien répondu à l'attente du Public. Tous les titres produits par l'Intimée, l'Acte de celebration de ſon mariage, la quittance de ſa dot, ces monumens domeſtiques, émanés de la main du feu Comte d'Hautefort, ont été pendant un nombre prodigieux de vacations, ſoumis à l'éxamen & à la critique de pluſieurs Experts, ou nommés d'office par la Juſtice, ou convenus par les Parties. On ne ſoupçonnera pas l'Intimée, dans l'état d'oppreſſion & d'accablement où elle eſt depuis ſept ans, d'avoir trouvé plus d'accès auprès de ces Experts, que le Marquis d'Hautefort, qui s'eſt donné dans cette affaire pour *un homme qui avoit* 100000 *livres de rente aſſurées dans ſa maiſon.* Tous ces Experts ont été obligés de rendre un hommage éclatant à la verité & à la ſincerité de ces pieces.

Voilà donc le Marquis d'Hautefort réduit à la neceſſité humiliante, de reconnoître aujourd'hui la verité d'un mariage, qu'il a annoncé ſi long-tems à toute la France, comme une chimere, comme une fable, comme une impoſture odieuſe. Envain nous dit-il, qu'il eſt bien éloigné d'acquieſcer à la verification & au ſuffrage des Experts, ce ne ſont là que des paroles démenties par ſes actions & par ſes démarches ; il ne s'amuſeroit pas à interjetter un appel comme d'abus, qui n'auroit point d'objet, ſi le mariage qu'il attaque n'éxiſtoit point, & s'il étoit a portée d'en manifeſter la fauſſeté.

Mais voyons ce que le Marquis d'Hautefort peut attendre des nouveaux efforts qu'il fait pour arracher à l'Intimée ſon état de Veuve du Comte d'Hautefort ; comment ne ſent-il pas la force du préjugé qui s'éleve contre lui, de la conduite qu'il a tenue juſqu'à préſent dans cette affaire.

A

Il y a actuellement près de sept ans, que le titre constitutif de l'état de l'Intimée, qui résidoit dans le dépôt public du Greffe Royal de Laval, est connu du Marquis d'Hautefort, & que le Greffier qui en étoit le dépositaire, en a délivré une expedition à ses agens. C'est le Marquis d'Hautefort lui-même qui a pris soin de nous instruire de ce fait important. Se persuadera-t'on que depuis un tems si considerable, il ait négligé de s'assurer par lui, ou par ses émissaires, de la verité ou de la fausseté de ce titre ? Et si convaincu interieurement comme il a dû l'être, de sa verité sur laquelle il s'efforçoit envain de s'étourdir, & d'en imposer au Public par une fausse confiance, il avoit été persuadé en même-tems, que les loix de l'Etat & de l'Eglise lui administroient des moyens décisifs pour détruire un Mariage qui lui déplaisoit si fort, auroit-il attendu sept ans à les faire valoir ?

On doit donc regarder cet appel comme d'abus, que le Marquis d'Hautefort n'a hazardé qu'à la derniere extrémité, comme le dernier coup du desespoir d'un Plaideur opiniâtre, qui se voit réduit aux abois, & qui est trop attaché à un interêt sordide & mal entendu. Par la discussion des nouveaux moyens qu'il propose, on connoîtra sensiblement que l'Intimée n'a rien à craindre de ce dont on a affecté de la menacer ; non, que le Marquis d'Hautefort ne s'en flatte pas, *le poids de l'ignominie* de cette affaire *ne retombera jamais sur l'Intimée* ; si l'on avoit pesé la force de ces expressions ameres, elles ne seroient point échappées. L'Intimée il est vrai est depuis sept ans dans la plus violente situation qu'il soit possible d'imaginer. Sa famille est épuisée par les dépenses prodigieuses où l'a jettée la poursuite d'un Procès si long & si épineux contre le Marquis d'Hautefort, qui ne s'y est engagé si avant, que parce qu'il a toûjours compté sur l'impuissance de son adversaire. Mais l'Intimée touche enfin au moment de voir finir ses malheurs ; & le Marquis d'Hautefort doit du moins se ressouvenir, que dans toutes les révolutions que cette affaire a eues, & même dans ses plus beaux jours de triomphe, il n'a point vû son ennemie accablée sous le poids de l'indignation publique.

F A I T.

En **1725.** l'Intimée accompagna à Brest la Dame sa mere, qui a épousé en secondes nôces le Comte de S. Quentin, Capitaine des Vaisseaux du Roy.

Le Comte d'Hautefort, Lieutenant General des Armées Navales, ancien ami du Comte de S. Quentin, rendit plusieurs visites à la Dame de S. Quentin. Il conçut une estime particuliere pour l'Intimée, il se proposa de l épouser ; mais ayant annoncé si souvent la répugnance qu'il avoit pour tout ce qui pouvoit gêner sa liberté, il se faisoit une peine d'avouer à soixante ans qu'il ne pouvoit plus se défendre de subir un joug contre lequel il s'étoit toûjours revolté ; & c'est ce scrupule mal entendu qui a été par l'évenement la source de tous les malheurs de l'Intimée.

Si dans ce mariage il y avoit quelque disproportion pour l'âge, il n'y en avoit aucune pour la naissance ; & le Comte d'Hautefort étoit bien éloigné de faire un affront à sa maison, en épousant une Demoiselle d'une noblesse si ancienne & si pure, que soit du côté de son pere, soit du côté de sa mere, de generation en generation, sans aucune mesalliance, les preuves en remonrent au-delà de trois ſiecles, ſans que l'on puiſſe en découvrir l'origine.

La Dame de S. Quentin, après avoir ſéjourné quelque tems à Breſt, retourna à S. Quentin avec ſon mari & ſa famille. S. Quentin eſt une terre ſituée en Baſſe-Normandie, aux portes d'Avranches. Le Comte d'Hautefort écrivit pluſieurs lettres au Comte de S. Quentin, & à l'Intimée à qui la Dame de S. Quentin ſa mere avoit laiſſé la liberté d'y répondre. Ce commerce de lettres qui a duré entre le Comte d'Hautefort & l'Intimée depuis le mois de Novembre 1725, juſqu'à leur mariage celebré le 19 Septembre 1726, a été ſoutenu par tous les témoignages imaginables de l'eſtime la plus pure & de l'attachement le plus reſpectueux.

Sans entrer de nouveau dans un détail éxact des Lettres qui ont précedé la celebration du mariage, on ſe contentera d'en rappeller à la cour quelques expreſſions.

Soyez ſûre de la verité de mon cœur pour vous : nous en dirons d'avantage à Hauterive.... vous connoiſſez mon reſpectueux & fidele attachement pour vous. Dites à mon fils (c'eſt ainſi que le Comte d'Hautefort appelloit par amitié le Chevalier de Bellingant frere de l'Intimée, & Enſeigne de Vaiſſeau,) *qu'il ſe tienne prêt quand il recevra mes ordres* POUR ME MENER A S. QUENTIN .... *tout y ſera reglé ; vous ſerez la maitreſſe ſans contredit.... Je voudrois bien que vous priſſiez vos meſures pour venir avec moi ; je veux devenir votre maître .... voyez s'il vous convient que j'avance ou que je recule mon voyage, je veux bien faire avec vous, vous aimant très-tendrement, faites-en de même .... marquez-moi comment il faut que j'écrive à Madame votre mere pour vous avoir, & ſur-tout conduiſez-moi bien, deſirant de tout mon cœur vous poſſeder à Hauterive.* A ces proteſtations cent & cent fois réiterées par le Comte d'Hautefort, *d'un attachement pur & reſpectueux, d'une fidelité parfaite & à toute épreuve, d'une amitié tendre qu'il aura toute ſa vie*, reconnoît-on un homme qui ne regarde que comme un amuſement paſſager, le commerce qu'il entretient avec celle à qui il écrit.

On apprend par ces mêmes lettres que l'Intimée en avoit écrit quelques-unes au Comte d'Hautefort, où elle lui témoignoit du mécontentement & même de la colere : *Vos deux lettres*, dit-il dans une du 23 Août 1726, *me ſont venues à la fois, l'une du ſept & l'autre du douze : la derniere eſt pleine de colere, je n'y répons point.* Voici ce qui y avoit donné lieu.

Le premier projet du Comte d'Hautefort avoit été de ſe rendre de Breſt à la terre de S. Quentin pour conclure ſon mariage avec l'Intimée, qui demeuroit chez ſon beau-pere à S. Quentin auprès de la Dame ſa mere. Les lettres dont on vient de rendre compte, ne permettent pas d'en douter *Dites à mon fils*, dit-il, (en parlant du Chevalier de Bellingant) *qu'il ſe tienne prêt quand il recevra mes ordres pour me mener à S. Quentin* ; mais dans la ſuite il changea de ſentiment, & il éxigea que le mariage fût celebré à Hauterive alleguant pour excuſe que le chemin qui conduit de Breſt à S. Quentin, étant un chemin de traverſe, il ne pouvoit pas y arriver commodément avec ſa chaiſe : *Je n'ai point de raiſons à vous donner, que les chemins de traverſe ne valent rien pour les chaiſes*, & c'eſt ce qui avoit chagriné l'Intimée, parce qu'alors les incommodités de ſa mere & du Comte de S. Quentin ſon beau-pere, ne leur permettoient pas de l'accompagner à Hauterive, éloigné de S. Quentin de plus de vingt lieues ; & parce qu'à leur défaut elle n'avoit plus perſonne à S. Quentin, qui pût la conduire à Hauterive avec bienſéance.

Le Comte d'Hautefort leva cette difficulté, en envoyant à S. Quentin la Marquife d'Epinai fa fœur, accompagnée de la Demoifelle d'Epinai fa fille, & du Chevalier d'Eftourmelles fon neveu : *Ma fœur & ma niéce font parties le dix-fept, & comptent vous voir à la fin du mois, obéïffez à ce qu'ils vous propoferont.* C'eft ainfi que s'explique le Comte d'Hautefort dans une lettre du 23 Août 1726. La Dame de S. Quentin fe détermina aifément à confier à la Dame d'Epinai l'Intimée, qui partit avec la Demoifelle de Bellingant fa fœur, & le Chevalier de Bellingant fon frere.

Auffi-tôt que l'Intimée fut arrivée à Hauterive, le Comte d'Hautefort ne penfa plus qu'à conclure fon mariage : le Contrat fut figné le 17 Septembre 1726, & reçu par un Notaire que le Comte d'Hautefort fit venir fecretement à Hauterive.

Quoique ce Contrat ne paroiffe point aujourd'hui, & quoique par une fatalité inconcevable l'Intimée fe trouve aujourd'hui dénuée d'un titre auffi intereffant pour elle, il n'eft pas moins certain qu'il en a exifté un, & que le Comte d'Hautefort s'en étoit conftitué dépofitaire en faveur de l'Intimée ; ce fait important eft établi par des preuves litterales émanées de la main même du Comte d'Hautefort, fur la verité defquelles il eft déformais impoffible de faire naître le moindre doute, & qu'on aura dans un moment occafion de dévolopper.

Deux jours après la paffation du Contrat, & le 19 Septembre 1726, le mariage fut celebré dans la Chapelle du Château d'Hauterive, par le Curé d'Argentré Paroiffe d'Hauterive. Le corps de cet Acte de celebration eft entierement écrit de la main de ce Curé, qui eft mort quinze jours après, & plus de quatre mois avant la mort du Comte d'Hautefort : il eft figné de ce Curé, du Comte d'Hautefort, de l'Intimée, du Chevalier de Bellingant fon frere, & de la Demoifelle de Bellingant fa fœur. La verification qui en a été faite fous les yeux de la Cour par les Experts que le Marquis d'Hautefort & l'Intimée ont nommés, affure invariablement la verité de ces faits importans, & les principales pieces de comparaifon, fur lefquelles les Experts ont procedé à la verification de la fignature du Comte d'Hautefort, de l'écriture & de la fignature du Curé d'Argentré, ne doivent pas être fufpectes au Marquis d'Hautefort. La fignature du Comte d'Hautefort a été verifiée fur un Teftament holographe du Comte d'Hautefort, par lequel le Marquis d'Hautefort eft inftitué Legataire univerfel, l'écriture & la fignature du Curé d'Argentré ont été verifiées fur differens Actes de baptême, Mariage & Sepulture, écrits de la main de ce même Curé, & inferés dans un Regiftre de la Paroiffe d'Argentré, qui a été apporté au Greffe de la Cour, qui étoit auparavant en dépôt dans le Greffe Royal de Laval, & dans lequel s'eft trouvée attachée la feuille volante où eft écrit l'Acte de celebration du mariage de l'Intimée.

Peu de tems après que ce mariage fut celebré, le Comte d'Hautefort reçut des Lettres qui l'appelloient à la Cour, où l'on commençoit à jetter les yeux fur lui, pour commander les vaiffeaux que le Roy faifoit armer à Breft & à Toulon. On s'imagine aifément la confternation & l'embarras où ces nouvelles jetterent l'Intimée. Son mariage n'étant point declaré elle ne pouvoit ni accompagner fon mari à la Cour, ni demeurer pendant fon abfence dans une de fes terres. Elle n'eut d'autre parti à prendre que de retourner à

S.

S. Quentin auprès de sa mere, & d'y conserver son nom de fille, jusqu'au retour de son mari, qui lui avoit promis de la rejoindre au mois d'Avril, & de rendre alors son mariage public.

Quand l'Intimée quitta son mari à Hauterive, vers le milieu du mois d'Octobre 1726, il avoit eu intention de lui remettre plusieurs papiers de grande consequence, & entre autres son Contrat de mariage, & un Testament holographe, que depuis son mariage il avoit fait à Hauterive en sa faveur. Le Comte d'Hautefort étoit si pleinement persuadé d'avoir remis à l'Intimée tous ces titres, que dans une de ses lettres il lui recommande expressément de conserver soigneusement ces papiers, à la faveur desquels elle pourroit mettre à la raison les heritiers, en cas qu'il vinst à mourir *avant que son mariage fût declaré*, & il ne fut desabusé de cette idée que par une lettre que lui écrivit l'Intimée, qui lui donna lieu de rechercher dans une Cassette qu'il portoit toujours avec lui dans ses voyages, où il retrouva en effet tous ces papiers. Ces faits sont disertement écrits dans des lettres du Comte d'Hautefort, dont il faut presentement rendre compte.

Dans une lettre écrite de Paris le 7   1726, le mois n'est point exprimé, mais c'est le mois de Novembre, voici comme il s'explique.

Je n'ai pas perdu un instant en arrivant à Rambouillet à vous demander de vos nouvelles, vous ne devez point douter un moment, ma petite Reine, de ma pure & tendre amitié & de tout mon cœur; ma santé n'est point encore rétablie, songez à la vôtre. NE VOUS ALLARMEZ PAS SI VISTE, JE VOUS REPETE QUE LE MOIS D'AVRIL NE ME REVERRA PAS DANS CE MAUDIT PAÏS. VOUS SÇAVEZ CE QUE JE VOUS AI DIT DE MON ARRANGEMENT, JE PARTIRAI POUR HAUTERIVE, PERSONNE N'AURA PLUS DE MESURES A GARDER. *Je commence à être diablement las de ce maudit métier. Mais gardez bien & avec soin les papiers que je vous ai donnés; car si je venois à manquer,* AVANT QUE NOTRE MARIAGE FUST DECLARE', *vous mettriez par là bien à la raison tous les gens qui se pourroient avec grand tort persuader que je ne pouvois pas par* MON CONTRAT DE MARIAGE *vous donner tout mon bien. Les voilà bien éloignés de compte.* SI JE N'AVOIS PAS EU L'HONNEUR DE VOUS EFOUSER, SOYEZ CERTAINE QUE JE PARTIROIS DEMAIN. *J'ai écrit à mon ami S. Quentin, bon soir, portez vous bien, je le desire de tout mon cœur, ne doutez point de mon amitié très-pure.*   Signé, D'HAUTEFORT.

L'Intimée ayant connu par cette lettre que son mari croyoit lui avoir remis les pieces dont il y est parlé, lui écrivit pour le désabuser, & le Comte d'Hautefort ayant en effet retrouvé dans sa Cassette ces papiers, lui fit le 17 Decembre suivant la réponse dont voici les termes:

Vous aviez raison, en arrivant à Paris, j'ai trouvé ce que je croiois vous avoir donné à Hauterive; le tout est ensemble avec NOTRE CONTRAT DE MARIAGE DANS MA CASSETTE AVEC SEURETE'. *Vous sçavez ce que je vous ai dit à Hauterive à plusieurs fois avant de vous avoir fiancée, comme j'espere des enfans, je serai bien aise de songer à vous, n'ayant d'autre vûe que de vous rendre heureuse, & que vous vouliez bien me souffrir pour le peu de tems que j'ai à vivre. Voilà mes sentimens pour vous; soyez seure de mon amitié & de mon attachement à toute épreuve.*   D'HAUTEFORT.

Dans cette lettre étoit un billet du Comte d'Hautefort entierement écrit de sa main, signé & daté du 15 Decembre 1726, conçu en ces termes.

J'ai fait à Hauterive le Memoire de tout ce qui y est, j'ai dans ma Cassette mon

Teſtament fait à Hauterive, à Breſt il y a partie de ma vaiſſelle d'argent & autres choſes, le reſte eſt bien en forme ; il faut, s'il vous plaît, prendre conſeil de Madame de S. Quentin & de mes vieux amis ſi je vous manquois. Signé, D'HAUTEFORT, ce 15 Decembre 1726.

Toutes ces pieces ont été verifiées dans le cours du Procès criminel, par cinq Experts nommés d'office par le Lieutenant Criminel. Ces Experts entendus en dépoſition ont été récolés & confrontés au Marquis d'Hautefort, & lui ont ſoutenu en face qu'elles étoient entierement écrites & ſignées de la main du Comte d'Hautefort. Et ſur quelles pieces ont-ils procedé à cette verification ? ſur le Teſtament holographe du Comte d'Hautefort, par lequel le Marquis d'Hautefort eſt inſtitué Legataire univerſel, & ſur un Etat des biens de la maiſon d'Hautefort, dans lequel il ſe trouvoit trente-trois differentes ſignatures du Comte d'Hautefort ; il étoit certainement impoſſible d'indiquer des pieces de comparaiſon plus déciſives, & plus propres à mettre des Experts à portée de former un Jugement ſolide & exact de la verité ou de la fauſſeté des pieces qui faiſoient l'objet de leur examen.

Le langage de ces lettres dont la verité ne peut plus être revoquée en doute, n'a rien d'obſcur, le Comte d'Hautefort s'y reconnoît bien clairement engagé dans les liens d'un mariage. *Si je n'avois pas eu l'honneur de vous épouſer, dit-il, ſoyez certaine que je partirois demain . . . . . comme j'eſpere des enfans, je ſerai bien aiſe de ſonger à vous, n'ayant d'autre vûe que de vous rendre heureuſe, & que vouliez bien me ſouffrir pour le peu de tems que j'ay à vivre.*

A la verité ce mariage n'étoit point declaré, mais on voit dans ces lettres avec quelle effuſion de cœur il s'efforce de calmer les inquietudes de celle qu'il a épouſée, en lui rappellant les arrangemens qu'il a pris pour rendre ſon mariage public, & le deſſein où il eſt de ne pas laiſſer paſſer le mois d'Avril ſans la mettre dans une ſituation où il n'y ait plus de meſures à garder. *Ne vous allarmez pas ſi viſte. Je vous repete que le mois d'Avril ne me reverra pas dans ce maudit païs. Vous ſçavez ce que je vous ai dit de mon arrangement, je partirai pour Hauterive,* PERSONNE N'AURA PLUS DE MESURES A GARDER.

Ces Lettres, ce Memoire écrits de la main du Comte d'Hautefort & ſignés de lui, ne ſont pas les ſeules pieces qui aſſurent la verité du mariage de l'Intimée, & la certitude du fait qu'il a été paſſé un Contrat de mariage entre le Comte d'Hautefort & elle. L'Intimée répreſente encore une quittance de dot auſſi écrite & ſignée de la main du Comte d'Hautefort, qui merite une grande attention. Voici comme cette Quittance eſt conçue.

J'ai reçu de Madame d'Hautefort la ſomme de 75000 livres, PORTE'E PAR NOTRE CONTRAT DE MARIAGE, *& lui donne cette preſente reconnoiſſance pour plus grande ſeureté, & pour lui être bonne, en foy de quoi j'ai écrit & ſigné,* Gilles d'Hautefort, à Hauterive ce 2 Octobre 1726.

On a voulu ſe faire un moyen de ce que cette quittance ſous ſeing-privé ſe trouvoit écrite ſur un quarré de papier, qui n'a pas trois doigts de hauteur.

Mais à quoi peut aboutir une critique ſi déplacée ? Cette quittance eſt écrite & ſignée de la main du Comte d'Hautefort. Voilà la circonſtance affligeante pour le Marquis d'Hautefort, & déciſive pour l'Intimée ; au ſurplus, elle eſt écrite ſur une feuille de grand papier à lettre, & quand elle ne ſeroit que sur un quarré de papier de la hauteur de trois doigts, il n'y a point de Code qui prescrive de quelle grandeur, & de quelle hauteur doit être un papier où une quittance de dot est écrite.

Le Comte d'Hautefort est mort à Paris le 7. Fevrier 1727, dans la maison de Martinon, Chirurgien, rue Couture Sainte Catherine. Alors l'Intimée étoit au Château de S. Quentin, éloignée de lui de plus de 70. lieues. Elle n'apprit sa mort que par les nouvelles publiques. Quinze jours avant sa mort le Comte d'Hautefort lui avoit donné de nouvelles preuves de son estime & de son amitié dans une lettre du 22 Janvier 1727, où il lui dit : *Je prens le moment que je peux vous écrire, étant attaqué depuis 15. jours d'une fluxion sur les yeux, portez-vous bien : continuez à avoir de la bonté pour moi & de l'amitié, & soyez sûre de la mienne.*

L'Intimée étoit malade lorsqu'elle apprit la mort du Comte d'Hautefort, dont elle attendoit le retour avec tant d'impatience. On juge aisément qu'un évenement si funeste dût la réduire aux derniers abois.

Les lettres du Comte d'Hautefort que l'Intimée avoit en sa possession, prouvoient bien clairement que dans un tems très-voisin du decès du Comte d'Hautefort, les titres justificatifs de l'Etat de l'Intimée, & le testament holographe que le Comte d'Hautefort avoit fait depuis son mariage, existoient dans la Cassette du Comte d'Hautefort, & donnoient lieu d'esperer que ces mêmes papiers avoient dû se trouver après sa mort. Mais le silence des Heritiers du Comte d'Hautefort à l'égard de l'Intimée n'annonçoit rien de bon ; & d'un autre côté, tant que l'Intimée n'étoit pas en état de produire un acte de celebration de son mariage, qu'elle n'a recouvré que plusieurs mois après la mort du Comte d'Hautefort ; il lui étoit bien difficile d'obliger les heritiers de son mari à la reconnoître pour ce qu'elle étoit.

C'est pendant que l'Intimée étoit dans cette perplexité, qu'elle & sa mere ont écrit ces lettres, dont on a prétendu tirer tant d'avantage ; où il faut convenir qu'il n'est parlé que d'un mariage projetté, & non d'un mariage réellement celebré. Et c'est de ces lettres qu'on avoit pris occasion de dire que celle qui s'annonce comme la Veuve du Comte d'Hautefort, est le premier Témoin qui a deposé contre elle-même, & qu'elle ne devoit pas se flatter de trouver des esprits assez crédules, pour se laisser séduire par une fable, qui se trouve détruite dans son principe par des lettres écrites depuis la mort du Comte d'Hautefort, dans un tems où celle qui les a écrites, & qui aspire à la qualité de Veuve du Comte d'Hautefort, n'avoit plus de mesures à garder, & avoit un si grand interest de manifester sa qualité.

Mais pour dissiper toutes ces illusions, il ne s'agit que de fixer quelques Epoques. Toutes ces lettres ont été écrites dans les mois de Mars, d'Avril, & de Mai 1727 ; & ce n'est que le 6. Septembre de la même année, que l'Intimée a été assez heureuse pour trouver son acte de celebration dans le Greffe Royal de Laval : tant qu'elle n'étoit point munie de ce titre constitutif de son Etat, il pouvoit ne lui pas convenir de s'annoncer dans le monde sous une qualité qu'elle sçavoit bien lui appartenir ; mais qu'elle pouvoit craindre alors de n'être pas à portée d'établir.

On n'a cependant jamais prétendu justifier ces lettres, qui n'ont été suggerées que par des conseils plus artificieux qu'éclairés, la prudence exige quelquefois qu'on ne manifeste pas à contre-tems une verité, dont on craint que des Ennemis puiſſans ne ſoient à portée de ſupprimer les preuves ; mais il n'y a point d'interêt, ſi capital qu'il puiſſe être, qui doive déterminer à s'écarter de la verité.

Après tout, quelques nuages que ces lettres ſi extraordinaires puiſſent faire naître, quand on s'eſt épuiſé en réflexions ſur ces lettres qu'en réſulte-t'il? Rien autre choſe, ſinon que celle qui les a écrites a eû tort de les écrire. Mais déclinons les regles ; cette faute doit-elle faire perdre à l'Intimée ſon Etat ? Eſt-il des fins de non-recevoir en matiere d'Etat ? Cent & cent lettres qu'une femme aura pu écrire, où elle aura deguiſé ſa qualité de femme, aneantiront-elles cette qualité, ſi elle eſt d'ailleurs établie par des titres non-ſuſpects? Ces lettres de l'Intimée effaceront-elles l'acte de celebration de ſon mariage, qui s'eſt trouvé conſervé dans un depoſt public, qui eſt bien ſigné d'elle & du Comte d'Hautefort, & dont le corps eſt entierement écrit de la main du Curé qui lui a adminiſtré la Benediction nuptiale, & qui eſt mort quinze jours après la celebration de ce mariage, & quatre mois avant le Comte d'Hautefort ? Ces lettres effaceront-elles les lettres du Comte d'Hautefort, où la verité de ce même mariage eſt ſi clairement developpée.

Mais il y a quelque choſe de plus, ces lettres que l'on fait valoir avec tant d'emphaſe, ne ſont pas les ſeules que le Marquis d'Hautefort ſoit en état de repreſenter. Pourquoi ne repreſente-t'il point celles que l'Intimée a écrites à ſon mari, en réponſe à celles où le Comte d'Hautefort parle ſi clairement de ſon mariage. Dira-t'on qu'on ne les a jamais vûes, & que le Comte d'Hautefort peut les avoir ſupprimées à meſure qu'il les a reçûes ? Mais dans le cours du Procès criminel, il a été prouvé par la dépoſition d'un Témoin non-ſuſpect, d'un Domeſtique entre les bras duquel le Comte d'Hautefort eſt mort, & que le Marquis d'Hautefort avoit auſſi fait entendre dans ſa procedure de Laval, que le Comte d'Hautefort la veille de ſa mort, reçut par la Poſte trois lettres, dont il y en avoit une écrite par l'Intimée, que le Comte d'Hautefort ſe fit lire par ce Domeſtique les deux autres ; mais qu'à l'égard de celle de l'Intimée, il recommanda à ce Domeſtique de la garder avec ſoin, parce qu'il vouloit la lire en ſon particulier quand il ſe porteroit mieux ; & qu'à l'inſtant du decès du Comte d'Hautefort, le Domeſtique dépoſitaire de cette lettre, la remit toute cachetée entre les mains de Mandeix, qui étoit le plus ancien des Domeſtiques du Comte d'Hautefort ; & qui eſt actuellement au ſervice du Marquis d'Hautefort. Pourquoi le Marquis d'Hautefort n'a-t'il pas repreſenté cette lettre ?

A toutes ces differentes lettres de l'Intimée & de ſa Mere : Voici la réponſe du Marquis d'Hautefort.

Je ne ſçai quel éclairciſſement vous pouvez deſirer de moi, Mademoiſelle, je veux bien vous mettre l'eſprit en repos ſur le Teſtament dont je vous envoye une Copie pardevant Notaires. Si vous y étiez nommée, j'ai trop de reſpect pour la mémoire de feu mon Oncle, pour que vous n'en fuſſiez pas informée. A l'égard du PRE-TENDU MARIAGE, JE VOUS CONSEILLE D'EN OUBLIER JUSQU'A L'IMAGINA-TION, *perſonne n'en ſera la duppe, & M. d'Hautefort étoit trop connu & trop eſtimé pour en pouvoir être ſoupçonné à ſon âge, & tout ce que vous en pouvez dire ne fera que faire beaucoup de tort à votre réputation, vous faire des Ennemis de toute ſa famille ; & au bout de cela, cela ne perſuadera perſonne. Faites-moi la grace d'être perſuadée, Mademoiſelle, que* JE VOUS DONNE UN BON CONSEIL. *Je ſuis très-parfaitement, &c.*

Sur

Sur les termes de cette lettre, nous avons fait une réflexion qui a un peu embarraffé le Marquis d'Hautefort. Car il n'a jamais entrepris d'y répondre. Nous lui avons dit : Votre réponfe ne quadre pas tout-à-fait avec les lettres aufquelles vous répondez ; elle va un peu trop loin. Les lettres ne parlent que d'un projet de mariage, & fi vous n'aviez fçû du mariage de votre Oncle, que ce que vous en ont appris ces lettres, vous n'auriez point dû être effrayé d'un projet qui n'avoit point eu d'execution, & qui avoit été traverfé par la mort du Comte d'Hautefort. Pourquoi donc avez-vous dit dans votre réponfe. *A l'égard du prétendu mariage, je vous confeille d'en oublier jufqu'à l'imagination, perfonne n'en fera la duppe, M. d'Hautefort étoit trop connu & trop eftimé pour en pouvoir être foupçonné à fon âge, & tout ce que vous en pourrez dire ne fervira qu'à faire beaucoup de tort à votre réputation, vous faire des Ennemis de fa famille ; & au bout de cela, cela ne perfuadera perfonne. Faites-moi la grace d'être perfuadée, que je vous donne un bon confeil.* Ces confeils font totalement deplacés dans la bouche d'un neveu, qui n'eft inftruit par des lettres aufquelles il répond, que d'un projet de mariage demeuré fans execution. La feule réponfe naturelle a de telles lettres, de la part d'un homme qui n'auroit eu en effet aucune connoiffance de ce dont on lui parloit, étoit de dire, je ne fçais rien de tout ce que vous me marquez par vos lettres, je n'ai rien trouvé dans les papiers de mon Oncle, qui y ait le moindre rapport. Je n'ai trouvé qu'un feul Teftament holographe, par lequel je fuis inftitué Legataire univerfel, & où il n'y a aucune difpofition qui vous concerne. Pour vous en convaincre, je vous en envoye une expédition en forme. Mon Oncle m'a toujours paru fort éloigné du mariage. Si cependant il étoit fur le point de vous époufer, s'il a paffé avec vous un Contrat de Mariage, fi relativement à ces projets de mariage vous avez quelques prétentions contre fa fucceffion : j'attens qu'il vous plaife m'inftruire des titres fur lefquels vous pouvez fonder vos prétentions. Mais il ne dit point : *à l'égard du prétendu mariage, je vous confeille d'en oublier jufqu'à l'imagination, perfonne n'en fera la duppe, & M. d'Hautefort étoit trop connu & trop eftimé pour en pouvoir être foupçonné à fon âge, tout ce que vous en pourrez dire ne pourra que faire beaucoup de tort à votre réputation, vous faire des Ennemis de toute fa famille ; & au bout de cela, cela ne perfuadera perfonne : Soyez perfuadée que je vous donne un bon confeil.* On ne confeille point d'oublier un mariage qu'on regarde comme n'ayant point été celebré ; on ne regarde point un défunt comme deshonoré par un mariage qu'il n'a point fait ; un mariage projetté & non executé ne fait point de tort à la réputation d'une jeune perfonne, & la famille de celui que par l'évenement elle n'a point époufé, ne doit pas lui vouloir du mal ; mais ce langage aura un fens quand on fuppofera que le Marquis d'Hautefort étoit réellement plus inftruit de la verité du mariage, qu'il n'affectoit de le paroître, & qu'il avoit fur ce mariage des idées affez nettes & affez diftinctes, qui l'embarraffoient encore plus que les lettres aufquelles il répondoit.

Quand on s'abandonne à cette réflexion, on eft bien éloigné de vouloir renouveller l'accufation dans laquelle l'Intimée a eu le malheur de fuccomber. Mais le Marquis d'Hautefort ne doit pas trouver extraordinaire qu'on faffe valoir des réflexions qui naiffent fi naturellement d'une lettre qu'il a écrite lui-même.

Dans le cours des contestations sur lesquelles est intervenu l'Arrest du 2 Avril 1729, la Providence a administré à l'Intimée une nouvelle piece d'un caractere singulier.

Le 17 Janvier 1729, le Curé de S. Jean apporta au Greffe Criminel un paquet cacheté, dont l'ouverture a été faite par un Commissaire de la Cour.

Dans ce paquet se sont trouvés deux fragmens de papier fort chiffonés & tachés, & ces deux fragmens de papier, qui rapprochés paroissent faire partie l'un de l'autre, contiennent six lignes, soit entieres soit commencées, & voici ce qu'on lit encore sur ces fragmens verifiés entierement écrits de la main du Comte d'Hautefort.

De S. Quentin Avranches coi
mon Contrat de mar
mon Testament du 24 Septembre. le sertif.
de mon mariage avec elle pour le
tout être envoyé bien fidelement au
Château de S. Quentin à Avranches

Par ces fragmens d'enveloppe, il est constaté non-seulement que les titres justificatifs de l'état de l'Intimée, étoient dans la Cassette du Comte d'Hautefort, dans un tems très-voisin de sa mort, mais encore qu'il avoit pris soin de les rassembler dans un paquet, sur l'enveloppe duquel il avoit écrit de sa main l'énumeration des pieces que le paquet contenoit, & leur destination, *pour le tout être envoyé bien fidelement au Château de S. Quentin à Avranches.*

Qu'on ne dise point que le Comte d'Hautefort a peut-être envoyé ces pieces à l'Intimée, qui n'a osé les représenter, parce qu'elle en a connu les vices & les défectuositez.

A qui persuadera-t'on que si l'Intimée avoit eû ces pieces en sa possession, elle eût eu interêt de les supprimer, & de s'engager dans une accusation épineuse, dans laquelle elle a par l'évenement succombé? Quelles défectuositez auroient pu rendre inutiles à l'Intimée un Contract de mariage & un Testament holographe?

D'ailleurs, la lettre dans laquelle le Comte d'Hautefort a reconnu avoir trouvé dans sa Cassette les papiers qu'il croyoit avoir remis à l'Intimée, n'annonce point que son intention fût de les lui envoyer ; il écrit au contraire comme un homme qui vouloit les conserver en sa possession, jusqu'à ce qu'il les lui remît lui-même : *Vous aviez raison*, lui dit-il, *en arrivant à Paris j'ai trouvé ce que je croyois vous avoir donné à Hauterive, le tout est ensemble avec notre Contrat de mariage, dans ma Cassette avec sûreté.* Il régardoit donc ces papiers comme en sûreté, parce qu'ils étoient dans sa Cassette. Et pourquoi le Comte d'Hautefort n'envoyoit-il pas ces papiers à l'Intimée? Parce qu'il comptoit la rejoindre au mois d'Avril suivant. *Ne vous allarmez pas si vîte*, dit-il, dans la lettre du 7 Novembre 1726, *je vous répete que le mois d'Avril ne me reverra pas dans ce maudit pays, vous sçavez ce que je vous ai dit de mon arrangement, je partirai pour Hauterive, personne n'aura plus de mesures à garder.*

Aussi de ce qui s'est trouvé écrit sur les fragmens de l'enveloppe, il résulte clairement que le paquet originairement enfermé sous cette enveloppe, n'étoit point un paquet destiné à être envoyé par la Poste ou autre-

ment. Car quand on veut envoyer à quelqu'un d'une Province dans une autre un paquet cacheté, on n'explique jamais fur l'envelope ce que contient
le paquet, la fubfcription n'annonce que le nom & la demeure de la perfonne à qui le paquet doit être remis. Cette énumeration annonce donc
au contraire un paquet de dépôt, dont le Comte d'Hautefort indiquoit la
deftination, pour laiffer une inftruction à fes heritiers, fuppofé que la mort
le furprît.

Quand on réunit toutes ces preuves fous un point de vûe, il eft impoffible de concevoir des doutes fur la verité du mariage.

Mais avant que de paffer à l'éxamen des moyens du Marquis d'Hautefort, il eft neceffaire de juftifier l'Intimée d'un fait odieux qu'on lui impute.

Le Marquis d'Hautefort prétend que l'Acte de celebration qui s'eft trouvé
en feuille volante, attachée au Regiftre, confervée dans le Greffe Royal de
Laval, y a été frauduleufement gliffé par l'Intimée, dans le tems que le Greffier de Laval étoit occupé à chercher dans un autre Regiftre.

Il eft inconcevable que le Marquis d'Hautefort ofe encore débiter une
telle calomnie, confondue fans reffource dans le cours de la conteftation
terminée par l'Arreft du 2 Avril 1729.

Cette accufation faifoit partie de celles qui avoient donné lieu à cette
procedure monftrueufe de Laval, à la faveur de laquelle M. d'Hautefort
étoit parvenu à fe rendre le maître de la perfonne de l'Intimée, procedure
qui a foulevé contre lui tout l'univers, qui a été déclarée nulle, & qui lui
a attiré cette humiliante condamnation de 20000 liv. de dommages & interêts envers l'Intimée.

Mais quelles preuves l'Intimée a-t'elle employées pour confondre cette
calomnie ? Des preuves que le Marquis d'Hautefort a lui-même adminiftrées.

Dans le cours des plaidoiries qui ont donné lieu à l'Arreft du 2 Avril
1729, le Marquis d'Hautefort prétendoit faire réfulter la preuve de ce fait
de la dépofition de deux Témoins, qu'il avoit fait entendre à Laval, &
dont il avoit jugé à propos de faire imprimer les dépofitions dans un certain recueil enrichi de notes, dont il avoit gratifié le Public, & qu'il avoit
intitulé *Pieces*.

Ces deux Témoins étoient Julien Letourneau, Marguillier d'Argentré
(Maréchal Ferrant du Bourg d'Argentré) ce Témoin dépofoit qu'en qualité de Marguillier d'Argentré, il avoit apporté au Greffe de Laval les Regiftres des Baptêmes, &c. de la Paroiffe d'Argentré, *dans lefquels Regiftres,*
difoit-il, *il n'y avoit aucuns blancs ni feuilles volantes, étant dans les regles qu'ils*
doivent être.

Sur cette dépofition, le Marquis d'Hautefort fait une note tout-à-fait
curieufe, *le fait*, difoit-il, *dont ce Témoin dépofe, eft d'une extrême conféquence*
'.... ce Rgiftre n'eft pas fort épais, il n'eft compofé que de dix feuillets, le Temoin
n'y a vû aucune feuille volante, donc celle qui s'y trouve aujourd'hui y a été inferée
depuis, comme le Temoin fuivant va l'expliquer.

Mais malheureufement la dépofition de ce Témoin fuivant, qui étoit Croif-
fant, Greffier dépofitaire de ce Regiftre, attefte un fait diametralement op-
pofé. Il dit, *après avoir cherché quelque tems en prefence de ladite Dame fans pou-*
voir trouver ce qu'elle cherchoit, le dépofant en feuilletant un des Regiftres qu'il
avoit déja feuilleté, trouva une demi-feuille timbrée au milieu dudit Regiftre, au

haut de laquelle est inscrit le mariage du Comte d'Hautefort avec la Dame de Bellingant, qu'il n'avoit jamais vûe QUE CETTE FOIS LA ET UNE PREMIERE FOIS A LA TESTE NOIRE. *Elle dit au déposant voilà ce que je cherche, & le pria de le lui délivrer au moment, lequel lui dit qu'il ne le pouvoit, attendu qu'il n'avoit alors aucun Clerc à la maison pour lui faire faire, & qu'elle se donât la peine d'envoyer le lendemain matin son Valet qu'il le lui délivreroit, ce qu'il fit y étant venu elle-même.... Qu'il y a toute apparence que la Dame avoit cet Extrait de mariage à la main, qu'elle avoit coulé subtilement dans l'un des Registres, le déposant ne l'ayant point vû lorsqu'il le feuilleta,* MAIS BIEN DEUX EXTRAITS DE BAPTESME QUI SONT SUR UN QUART DE PAPIER AUSSI NON COTTE' NI PARAPHE'.

Il y a certainement une contradiction évidente entre ces deux dépositions.

Le premier témoin dit, quand j'ai porté ces Registres au Greffe de Laval, il *n'y avoit aucune feuille volante.* Le second, qui est le Greffier dépositaire, dit au contraire, qu'à la verité il n'a pas trouvé la premiere fois qu'il a cherché, la feuille où est écrit l'Acte de celebration en question, mais qu'il *a trouvé deux Exttraits de Baptême, qui sont sur un quart de papier aussi non cotté ni paraphé.* Par cette contradiction le premier témoin se trouve convaincu d'avoir déposé faux.

Mais à son tour le second témoin est convaincu d'être un faux témoin par sa propre déposition, en ce qu'il dit *qu'il y a toute apparence que l'Intimée avoit cet extrait à la main, qu'elle avoit coulé subtilement dans l'un desdits Registres;* & en ce qu'il apprend en même-tems par la même déposition, qu'il a délivré, avec grande reflexion, une expédition de cet Acte, à celle qu'il regardoit comme ayant frauduleusement inseré cet Acte dans son Registre. Quelle doit être la conduite d'un homme public, à la garde de qui sont confiés les monumens les plus interessans de la societé civile, lorsqu'il apperçoit dans un de ces monumens une feuille postiche qu'il n'y avoit jamais vûe, & qu'il n'avoit pas même apperçûe un moment auparavant, en y cherchant avec attention? Il doit s'assurer de la personne qui vient de commettre un tel attentat, requerir le transport du Juge, faire dresser un Procès verbal de l'état de son Registre, & constater par la déposition de personnes dignes de foi, que cette feuille volante vient d'y être inserée par artifice, & qu'elle n'y étoit pas auparavant.

Mais il a tenu une conduite bien differente : il a délivré paisiblement l'expédition qu'on lui demandoit, non pas au premier moment qu'on la lui a demandée ; il nous apprend par sa déposition que quand l'Intimée la lui demanda, il lui dit qu'il ne le pouvoit, *attendu* qu'il n'avoit alors aucun Clerc à la maison pour la faire faire, & qu'elle se donnât la peine d'envoyer le lendemain matin son valet, qu'il la lui délivreroit, ce qu'il fit y étant venue elle-même. Et par les termes dont il a accompagné cette expédition, il paroît bien clairement qu'il n'a eu aucune défiance sur cette piece : on croit necessaire d'en rapporter exactement les propres termes :

Extrait des Registres des Baptêmes, Mariages & Sépultures de la Paroisse d'Argentré au Diocèse du Mans, dans un desquels a été trouvée une demie feuille de papier timbré, non cottée ni paraphée, en tête de laquelle est écrit ce qui suit.

Ce jourd'hui 19 *Septembre* 1726, *ont été par Nous Prieur soussigné,* APRE'S LA PUBLICATION DES BANS DUEMENT FAITE, *mariés haut & puissant Seigneur Messire*

Meffire Gille d'Hautefort, & Damoifelle Marie-Jeanne de Bellingant, en préfence de Meffire Jean de Bellingant frere de la conjointe, & Demoifelle Catherine de Bellingant foeur de la conjointe, qui ont figné avec nous Prieur d'Argentré, fe font fignez fur ladite demi-feuille, Gille d'Hautefort, Marie-Jeanne de Bellingant, Jean de Bellingant, Catherine de Bellingant, & F. le Blanc, Prieur d'Argentré.

*Délivré le préfent extrait fur fon original que avons remis dans le Regiftre de l'année derniere 1726, & attaché à la fin dudit Regiftre crainte qu'il ne fût perdu, l'ayant trouvé comme feuille féparée dudit Regiftre, & non cottée ni paraphée, mais bien en papier timbré & figné des Parties, & du Sieur Prieur dudit Argentré, ainfi qu'il nous eft apparu par nous Greffier du Siege Royal de Laval, Gardiataire & Confervateur des Regiftres des Baptêmes, Mariages & Sépultures des Paroiffes de l'Election dudit Laval, d'où dépend ladite Paroiffe d'Argentré, le 6 Septembre 1727. Signé, *CROISSANT.

Les faits expliqués, la procédure fe tranche en un mot.

L'Arrêt du 29 Mars 1732, intervenu fur le Procès criminel, qui renvoye le Marquis d'Hautefort de l'accufation de l'Intimée avec 2000 livres de dommages & interêts, referve à l'Intimée *à fe pourvoir fur fes demandes à fins civiles, ainfi qu'elle avifera bon être; défenfes du Marquis d'Hautefort* au contraire.

Le 7 Avril 1732, l'Intimée à formé fa demande civile contre le Marquis d'Hautefort *comme heritier & biens tenant à tel autre titre que ce foit les biens* du Comte d'Hautefort fon oncle. Elle demande qu'il foit condamné à lui communiquer les Inventaires faits après le décès du Comte d'Hautefort; à lui rendre & reftituer les 75000 livres de dot, fuivant la Quittance du 2 Octobre 1726, verifiée avec le Marquis d'Hautefort; cette dot portée par le Contrat de mariage, énoncée en la Quittance; à faire partage de la communauté s'il y échet; à lui payer les arrérages du douaire échûs, & à les lui continuer à l'avenir ainfi qu'il fera reglé après la communication des piéces; enfin elle demande les interêts de la dot, les interêts de la reftitution des biens & effets de la communaté du jour du décès, même des arrérages du douaire, dommages, interêts & dépens, & fon deuil.

Le 22 Juillet 1732, l'Intimée a obtenu au Châtelet une Sentence par défaut faute de défendre, qui lui adjuge fes conclufions, & qui fait l'objet de l'appel fimple foumis à la décifion de la Cour.

A la veille de la plaidoirie le Marquis d'Hautefort s'eft enfin déterminé à interjetter un appel comme d'abus de la celebration du mariage de l'Intimée. On eft perfuadé que cette démarche a dû lui couter beaucoup. Il eft trifte en effet pour lui, d'être à la fin obligé d'attaquer férieufement & par les voies de Droit, un mariage qu'il a affecté pendant fept ans entiers de ne regarder que comme une fable.

Des faits & de la procédure qui viennent d'être expliqués naiffent trois queftions.

Y a-t'il abus dans le mariage?

Si le mariage n'eft point abufif, peut-il produire des effets civils?

Enfin, l'Intimée peut-elle demander le payement des 75000 livres contenues dans la Quittance de dot du 2 Octobre 1726?

La difcuffion de ces trois queftions ne fera ni longue, ni épineufe.

D

PREMIERE QUESTION.

Y a-t'il abus dans le mariage du feu Comte d'Hautefort & de l'Intimée ?

Le Marquis d'Hautefort n'oppose qu'un seul moyen d'abus : défaut de presence de propre Curé. Le Curé d'Argentré, qui paroît avoir administré la Benediction nuptiale, n'étoit, dit-on, le propre Curé, ni du Comte d'Hautefort, ni de l'Intimée.

Il ne l'étoit point de l'Intimée, qui étoit mineure lorsque ce mariage a été celebré, & qui par conséquent ne pouvoit avoir d'autre domicile que celui de sa mere qui demeure en Normandie, au Château de S. Quentin, près Avranches.

Il ne l'étoit point du Comte d'Hautefort, qui étoit constamment domicilié à Paris.

Les preuves du domicile du Comte d'Hautefort à Paris, ajoute-t'on, résultent d'un Acte pardevant Notaires du 2 Mars 1725, où il se dit demeurant à Paris, rue neuve des Bons-Enfans ; d'un Bail pour trois ans & neuf mois d'une maison rue de Varenne, de 1300 liv. de loyer qu'il a occupée depuis la S. Jean 1725, jusqu'à sa mort ; des Quittances de ses loyers ; des Quittances de la Capitation de ses domestiques ; des Quittances de la taxe des Pauvres. Enfin, dit-on, après sa mort on a apposé à Paris le scellé sur ses effets, on a fait un Inventaire, & c'est à Paris que se sont trouvés ses meubles, sa cassette & sa vaisselle d'argent. A la verité il avoit une Terre dans la Paroisse d'Argentré, mais on n'a jamais prétendu qu'un homme qui a plusieurs Terres, eût un domicile dans chacune de ces Terres : le Curé d'une Terre où l'on n'a point fixé son domicile est un Prêtre étranger, sur-tout quant à la Benediction nuptiale. Par les Lettres que l'Intimée produit, on voit que le Comte d'Hautefort n'appelle jamais autrement sa terre d'Hauterive que *son Gaillardin*. Cette Terre se trouvoit sur le chemin de Paris à Brest, le Comte d'Hautefort n'y alloit jamais que pour s'y délasser quelques momens, mais cette Terre n'étoit point son domicile, il étoit domicilié à Paris sur la Paroisse de S. Sulpice, le Curé de S. Sulpice étoit seul son propre Curé ; le Comte d'Hautefort n'a donc pû valablement se marier dans la Paroisse d'Argentré, *il vaudroit autant*, a t'on dit pour le Marquis d'Hautefort, *se marier devant un Notaire, ou devant la premiere personne qu'on trouveroit dans la rue.*

Les réponses à ce moyen d'abus se presentent d'elles-mêmes à l'esprit.

Dans les principes de la saine Jurisprudence, lorsqu'il s'agit de faire l'application d'une Loi, & sur-tout d'une Loi rigoureuse & pénale, dont on veut faire usage, pour priver quelqu'un de son état, il ne s'agit pas seulement de consulter ses dispositions, il faut prendre la Loi dans son entier, s'assurer de l'objet que le Législateur s'est proposé, & examiner avec l'attention la plus scrupuleuse si le cas qui se presente est celui que le Legislateur a prévû.

Quel a été l'objet de nos Loix en établissant comme une formalité essentielle pour la validité des mariages, la necessité de la presence & du consentement du propre Curé des parties contractantes ? pour découvrir cet objet, il n'y a qu'à consulter le préambule de la Déclaration de 1639, & de l'Edit du mois de Mars 1697.

La Declaration de 1639, après avoir rappellé les loix anterieures, dit qu'elles n'ont pas été affés fortes *pour arrêter le cours du mal & du défordre qui a troublé le repos de tant de familles, & flétri leur honneur, par des alliances inégales & souvent honteuses & infames.* Le Legiflateur dit enfuite que *ne pouvant plus souffrir que la fainteté d'un fi grand Sacrement qui eft le figne myftique de la conjonction de Jefus-Chrift avec fon Eglife, foit indignement profanée, & voyant d'autre part à notre grand regret & au préjudice de notre Etat, que la plûpart des honnêtes familles de notre Royaume demeurent en trouble par la fubornation & enlevement de leurs enfans, qui trouvent eux-mêmes la ruine de leur fortune dans ces illegitimes conjonctions, nous avons réfolu d'oppofer à la frequence de ces maux la feverité des Loix, & de retenir par la terreur de nouvelles peines ceux que la crainte ni la reverence des Loix divines & humaines ne peuvent arrêter, n'ayant en cela autre deffein que de fanctifier le mariage, regler les mœurs de nos Sujets, & empêcher que les crimes de rapt ne fervent plus à l'avenir de moyens & de degrés pour parvenir à des mariages avantageux.*

Le préambule de l'Edit de 1697, ne s'exprime pas dans des termes moins énergiques. *Les Saints Conciles,* dit cet Edit, *ayant prefcrit comme une des folemnités effentielles au Sacrement de mariage la prefence du propre Curé de ceux qui contractent, les Rois nos Prédeceffeurs ont autorifé par plufieurs Ordonnances l'execution d'un Reglement fi fage, & qui pouvoit contribuer auffi utilement à* EMPESCHER CES CONJONCTIONS MALHEUREUSES QUI TROUBLENT LE REPOS ET FLE'TRISSENT L'HONNEUR DE PLUSIEURS FAMILLES PAR DES ALLIANCES SOUVENT ENCORE PLUS HONTEUSES PAR LA CORRUPTION DES MOEURS QUE PAR L'INEGALITE' DE LA NAISSANCE. *Mais comme nous voyons avec beaucoup de déplaifir que la juftice de ces Loix & le refpect qui eft dû aux deux Puiffances qui les ont faites n'ont pas été capables* D'ARRESTER LA VIOLENCE DES PASSIONS QUI ENGAGENT DANS LES MARIAGES DE CETTE NATURE, *& qu'un interêt fordide fait trouver trop aifément des Témoins & même des Prêtres qui proftituent leur miniftere auffi-bien que leur foi pour profaner de concert ce qu'il y a de plus facré dans la Religion & dans la focieté civile, nous avons eftimé neceffaire, &c.*

Il eft évident par toutes ces expreffions fi dignes de la Majefté de nos Rois, que leur intention a été uniquement d'arrêter dans leurs Etats le cours d'un défordre & d'un abus qui confiftoit dans la profanation d'un Sacrement augufte, & de garentir les familles de leurs fujets du trouble qu'y excitoient *ces conjonctions malheureufes qui flétriffent leur honneur par des alliances fouvent encore plus honteufes par la corruption des mœurs, que par l'inégalité de la naiffance;* d'empêcher que *les crimes de rapt ne fervent plus à l'avenir de moyens & de degrés pour parvenir à des mariages avantageux.*

Mais de bonne foi le mariage que le Comte d'Hautefort a contracté avec l'Intimée eft-il du nombre de ces *conjonctions malheureufes* deteftées par nos Legiflateurs ? Eft-ce par la voye du crime de rapt que l'Intimée mineure eft parvenue à devenir l'époufe d'un Lieutenant General des Armées navales fexagenaire, qui n'étoit comptable de fes actions à perfonne ? l'alliance du Comte d'Hautefort avec l'Intimée eft-elle *plus honteufe encore par la corruption des mœurs que par l'inégalité de la naiffance ?* Depuis fept ans que l'Intimée eft l'objet des perfecutions du Marquis d'Hautefort, il n'a pû parvenir à faire naître le plus leger foupçon fur fa conduite ; & à l'égard de la naiffance, il eft plus qu'évident que le Comte d'Hautefort n'a point fait d'affront à fa Maifon en époufant une Demoifelle d'une nobleffe au moins égale à la fienne, & dont les preuves remontent au-delà de trois fiecles, fans que l'on puiffe en découvrir l'origine.

Il ne faut que cette premiere réflexion pour fentir toute l'injuftice des prétentions du Marquis d'Hautefort. Si les démarches qu'il fait pour arracher à l'Intimée fon état, étoient produites par un interêt d'honneur ; s'il pouvoit faire envifager le mariage de fon oncle avec l'Intimée, comme un engagement honteux & deshonorant pour fa Maifon, il pourroit alors réclamer avec fuccès l'autorité de ces Loix auguftes qui s'élevent avec tant de force contre ces fortes de mariages qui portent la défolation dans le fein des familles, & qui caufent dans l'Etat de fi étranges ravages ; mais quand il eft obligé de reconnoître qu'il ne peut attaquer fon adverfaire ni fur fa naiffance ni fur fes mœurs ; quand il eft certain que le mariage qu'il veut détruire n'a rien qui reffemble à ceux dont nos Loix ont eû pour objet d'arrêter le cours ; quand enfin il eft évident que ce n'eft qu'un interêt pecuniaire qui fait agir le Marquis d'Hautefort, merite-t'il d'être écouté ?

Mais l'Intimée ne s'en tient pas à cette premiere réflexion. Eft-il vrai que le Curé d'Argentré qui a celebré le mariage dont il s'agit, ait été à l'égard du Comte d'Hautefort un Prêtre étranger & fans Caractere, pour lui adminiftrer la Benediction nuptiale ; & que le Comte d'Hautefort n'ait pas eu dans la Paroiffe d'Argentré un domicile qui l'ait autorifé fuivant les Loix, a pouvoir s'y marier valablement ?

En matiere de domicile, les principes font certains. Ce n'eft pas la feule réfidence corporelle & actuelle qui caracterife le domicile ; c'eft l'efprit, l'intention, l'affection du domicilié. *Domicilium eft animi & facti.* Et la regle fondée fur la connoiffance du cœur de l'homme, eft de regarder comme le veritable domicile d'une perfonne, le lieu où elle a le fiege de fa fortune. C'eft l'idée que les Loix nous en donnent *in eo loco fingulos habere domicilium non ambigitur ubi quis larem, rerumque ac fortunarum fuarum fummam conftituit, undè rurfùs non fit difceffurus fi nihil avocet, undè cum profectus eft peregrinari videtur, quò fi rediit peregrinari jam deftitit.* L. 7. C. De incolis.

Tous ces caracteres décrits par la Loi, conviennent parfaitement à la Terre d'Hauterive, fituée dans la Paroiffe d'Argentré, dont le Comte d'Hautefort étoit le feul Seigneur, Haut, Moyen, & Bas-Jufticier, dont le revenu eft au moins de 6000 liv. que le Comte d'Hautefort avoit recueillie dans la fucceffion de fes Peres, où fes Pere & Mere avoient eû leur domicile, où il étoit logé & meublé convenablement ; & où il alloit avec empreffement, tout autant de fois qu'il en avoit la liberté.

Mais en 1725, le Comte d'Hautefort avoit loué une maifon à Paris, qu'il a occupée depuis la S. Jean 1725, jufqu'à fa mort. Cette circonftance ne détruit point la certitude du domicile que le Comte d'Hautefort avoit à fa Terre d'Hauterive dans la Paroiffe d'Argentré, dont il étoit Seigneur, & n'autorife point à conclure que le Comte d'Hautefort n'avoit de veritable domicile qu'à Paris.

Quelle étoit la fituation du Comte d'Hautefort ? Etoit-il attaché à Paris,

ou

ou à la Cour, par la poſſeſſion de quelque Office conſiderable, qui y exigeât ſa préſence & ſa réſidence habituelle ? Avoit-il à Paris le ſiege de ſa fortune ? Le Comte d'Hautefort étoit parvenu par ſa Bravoure & par ſes Services au Grade de Lieutenant General des Armées Navales ; c'étoit donc un homme expoſé par ſon Etat & par ſon Grade à faire continuellement ſur mer des voyages de long cours, que rien ne fixoit à Paris, qui n'y faiſoit que des ſéjours paſſagers ; & qui cependant ſur la ſin de ſa vie avoit cru convenable de prendre le reſte d'un bail d'une maiſon, d'un prix très-modique pour un homme de ſon Etat, pour pouvoir s'y retirer quand ſes affaires l'obligeoient de venir à Paris, ou à la Cour, & pour y être logé plus décemment & plus commodément qu'il n'auroit pû être dans un Hôtel garni.

Rien n'eſt donc plus foible que les preuves que l'on rapporte pour établir ce prétendu domicile du Comte d'Hautefort à Paris. Combien y a-t'il de perſonnes qui attirées à Paris par leurs affaires, & obligées d'y ſéjourner un tems conſiderable, y louent des maiſons, y payent la Capitation de leurs Domeſtiques & la Taxe des pauvres, ſans acquerir pour cela un veritable domicile à Paris, & ſans perdre le domicile réel & effectif qu'ils ont dans le lieu où eſt le ſiege de leur fortune. Le Comte de S. Quentin, par exemple, qui eſt venu à Paris avec ſa femme, pour la pourſuite de l'affaire de l'Intimée ſa Belle-fille, s'eſt ennuié de ſe conſumer en frais dans un Hôtel garni, & à loué ſucceſſivement deux differentes maiſons ; il paye depuis pluſieurs années la Capitation de ſes Domeſtiques à Paris ; il y paye la Taxe des pauvres. Toutes ces circonſtances font-elles qu'il ſoit réellement domicilié à Paris, & qu'il ait ceſſé d'avoir ſon domicile au Château de Saint Quentin ?

Mais, dit-on, c'eſt à Paris que ſe ſont trouvés les principaux effets du Comte d'Hautefort après ſa mort. L'Intimée rapporte la preuve du contraire dans ce Memoire écrit & ſigné de la main du Comte d'Hautefort, daté du 15 Decembre 1726, où le Comte d'Hautefort dit : *J'ai fait à Hauterive le memoire de ce qui y eſt. J'ai dans ma Caſſette mon Teſtament fait à Hauterive, à Breſt il y a partie de ma Vaiſſelle d'argent.* On voit clairement par ce memoire, que les effets du Comte d'Hautefort étoient répandus en differens endroits ; qu'il avoit à Breſt une partie de ſa Vaiſſelle d'argent, qu'il avoit à Hauterive des effets qui fixoient ſon attention, puiſqu'il avoit eu la précaution de faire un memoire de tout ce qui y étoit ; & qu'il étoit ſi peu occupé des meubles qu'il pouvoit avoir à Paris, qu'il n'en fait aucune mention dans ſon memoire.

Enfin, quand il ſeroit certain que le Comte d'Hautefort avoit un domicile à Paris, il ſuffit qu'il ſoit également certain qu'il en avoit un autre dans ſon Château d'Hauterive, pour que l'on doive en conclure qu'il a pu valablement recevoir la Benediction nuptiale du Curé de la Paroiſſe où ce Château étoit ſitué, & dont le Comte d'Hautefort étoit le ſeul Seigneur.

Il n'eſt point du tout extraordinaire qu'un homme, maître de ſon fort, & qui ne dépend que de lui, ait en même-tems deux domiciles dans deux differentes Paroiſſes, il n'y a qu'à conſulter Van-Eſpen, part. 2. tit. XII. cap. 5. n. 8. Il eſt conſtant, dit ce Canoniſte, qu'il arrive quelquefois qu'un homme eſt en même-tems domicilié dans deux Paroiſſes differentes, quoiqu'il réſide plus ordinairement dans l'une que dans l'autre : *Hoc conſtat quod*

subindè quis possit in duabus Parochiis eodem tempore habere domicilium , si nimi-
rùm juxtà moralem loquendi modum , in utràque sic familiam instituat , ut utrobique
juxtà moralem & vulgarem loquendi modum habitare censeatur , licet in uno forsàn
loco frequentius resideat personaliter , quam in altero. Et ce principe que pose
Van-Espen, n'est point étranger à la matiere que nous traitons. Le Chapitre
où se trouve ce passage, a pour titre : *Coram quo matrimonium contrahendum.*
C'est donc rélativement à la matiere même du mariage, que ce sçavant Canoniste établit qu'un homme peut-être en même-tems domicilié dans deux
Paroisses differentes , quoiqu'il réside plus ordinairement dans l'une que
dans l'autre.

Qu'on ne dise point que le sentiment de Van-Espen n'est point suivi dans
notre jurisprudence Nous avons dans le Journal du Palais un Arrest celebre
du 6 Septembre 1670 , confirmatif d'une Sentence arbitrale qui a jugé que
M. le Prince de Guimené , Pair de France & Grand Veneur , par conse-
quent possesseur de deux Offices de la Couronne , qui sembloient devoir le
fixer invariablement à Paris & à la Cour, avoit en même-tems deux domiciles , l'un à Paris & l'autre dans une de ses Terres sise en Anjou , quoiqu'il
fût certain que ce Seigneur avoit résidé presque toujours à Paris & à la Cour.
Si un Duc & Pair, Grand Veneur , qui avoit passé presque toute sa vie à
Paris a été jugé avoir un domicile en Anjou, en même-tems qu'il avoit un
autre domicile à Paris , quelle difficulté peut-il y avoir a reconnoître qu'un
Lieutenant-General des Armées Navales , que son emploi ne fixoit nulle-
ment à Paris , & qui possedoit une terre patrimoniale d'un revenu assés considerable où il alloit avec empressement toutes les fois que ses affaires le lui
permettoient, où il étoit logé & meublé convenablement, où il se plaisoit
infiniment, avoit un domicile dans cette terre, en même-tems qu'il avoit à
Paris une autre habitation , où il séjournoit quand il y étoit appellé par ses
affaires ; & quand il seroit averé qu'il résidoit plus ordinairement à Paris
qu'à sa terre , il n'en seroit pas moins certain , suivant les principes de Van-
Espen, qu'on devroit le regarder comme ayant aussi un domicile à sa terre ,
dès que par son arrangement domestique , il étoit évident qu'il avoit en même-tems & une habitation à Paris, & une habitation à sa terre : *In Utràque*
sic familiam instituerat , ut utrobique juxtà moralem & vulgarem loquendi modum
habitare censeretur licet in uno forsàn loco frequentiùs personaliter resideret quam
in altero.

En un mot, & cette derniere réflexion est decisive, bien loin que l'on puisse
tirer un moyen d'abus de ce que le Comte d'Hautefort s'est marié dans son
Château d'Hauterive , & non sur la Paroisse de S. Sulpice, où il avoit aussi
une maison ; rien n'est plus propre à faire voir que dans le doute qui peut
naître du concours de ces deux differentes habitations que le Comte d'Hautefort avoit en même-tems au Château d'Hauterive & à Paris, l'habitation
d'Hauterive étoit dans son esprit son veritable domicile d'affection, que la
circonstance qu'il s'y est marié, & qu'il y a reçu la Benediction Nuptiale du
Curé de la Paroisse de sa Seigneurie. Peut-on sans faire violence à la raison
se persuader que le Curé d'Argentré ait été, quant à la Benediction Nuptiale , un Prêtre étranger à l'égard du Comte d'Hautefort, Seigneur de la
Paroisse, qui y résidoit frequemment ? Si ce Curé étoit actuellement vivant
seroit-il exposé à la censure du ministere public, & à l'animadversion de la

Cour, pour avoir adminiſtré la Benediction Nuptiale à ſon Seigneur ſexa-
genaire, ſur qui il avoit une juriſdiction ordinaire, comme ſur le premier de
ſes Paroiſſiens, dès que ce Seigneur réſidoit fréquemment & habituellement
dans ſa terre, lorſqu'il n'étoit point occupé à remplir les fonctions de ſon
emploi. Quand nos Loix exigent qu'on ſe marie devant ſon propre Curé,
leur principal objet n'eſt-il pas que le Prêtre qui adminiſtre la Benediction
Nuptiale, connoiſſe comme Paſteur, l'ouaille qui s'adreſſe à lui pour recevoir un Sacrement auguſte. Dira-t'on que le Comte d'Hautefort étoit in-
connu au Curé d'une terre qu'il avoit recueillie dans la ſucceſſion de ſes peres?

Il faut donc conclure que le moyen d'abus tiré du prétendu défaut de
préſence du propre Curé, porte à faux dans toutes ſes parties à l'égard du
feu Comte d'Hautefort, d'autant plus même que les preuves par leſquelles
on prétend établir le domicile du Comte d'Hautefort à Paris, ne remontent
pas au-delà du 2 Mars 1725, mais avant le 2 Mars 1725, où le Comte
d'Hautefort avoit-il ſon domicile? On ne prouve point qu'il l'ait eu à Paris;
on eſt cependant obligé de lui en ſuppoſer un. S'il n'en avoit point à Paris,
il ne pouvoit l'avoir qu'à Hauterive, qui étoit le domicile de ſes pere &
mere, & alors pour le ſuppoſer domicilié à Paris, lorſqu'il s'eſt marié au
mois de Septembre 1726, il faudroit ſuppoſer une tranſlation de domicile
d'Hauterive à Paris. Or cette ſuppoſition eſt le comble de l'égarement, quand
elle n'eſt pas appuyée par les titres les plus précis qui manifeſtent ſans équi-
voque de la part du Comte d'Hautefort un deſſein formé de renoncer à ſon
ancien domicile dans le Château d'Hauterive, pour le fixer un nouveau
domile à Paris.

Si ce moyen d'abus porte à faux à l'égard du Comte d'Hautefort, il
n'eſt pas plus heureuſement appliqué à l'égard de l'Intimée.

Il eſt vrai que l'Intimée qui étoit mineure lors de la celebration de ſon
mariage, ne pouvoit pas avoir d'autre domicile que celui de ſa mere do-
miciliée en Normandie au Château de S. Quentin. Mais lorſque ceux qui
ſe marient ſont domiciliés dans deux differentes Paroiſſes, la préſence du
propre Curé de l'une des parties, & le conſentement du Curé de l'autre
partie, rempliſſent tout ce que les Loix exigent pour la validité des mariages, & lorſque la Benediction Nuptiale a eſté conſtamment adminiſtrée
par le propre Curé de l'une des parties, la moindre preuve indicative de la
connoiſſance que le Curé de l'autre partie a eûe du mariage, ſuffit pour
faire préſumer ſon conſentement au mariage, & pour écarter le moyen d'a-
bus que l'on voudroit fonder ſur le défaut du conſentement de cet autre
Curé.

Or ici l'on ne peut révoquer en doute le conſentement du Curé de S.
Quentin au mariage de l'Intimée, par deux raiſons déciſives & ſans réplique.

1°. Parce qu'il eſt énoncé dans l'acte de celebration, que le mariage a eſté
celebré *après la publication des bans dûment faite*. Cette énonciation portée par
un acte de celebration, entierement écrit de la main du Curé d'Argentré &
ſigné de ce Curé, qui avoit caractere pour adminiſtrer le Sacrement de
mariage au Comte d'Hautefort ſon paroiſſien, merite une pleine foi. Et dès
que par cette énonciation, il eſt certain que le mariage dont il s'agit a eſté
précédé *d'une publication de bans dûment faite*, il faut neceſſairement reconnoître que les bans ont eſté publiés dans la Paroiſſe de S. Quentin, comme

dans celle d'Argentré, & conclure de la certitude de ce fait, que le Curé de S. Quentin, qui a en effet envoyé au Curé d'Argentré son certificat de publication des bans, a necessairement consenti au mariage dont il s'agit.

2°. Il est d'autant plus impossible de révoquer en doute ce consentement du Curé de S. Quentin, que quand l'Intimée après la mort du Comte d'Hautefort a été obligée de se mettre en mouvement, & de faire à Laval differens voyages, pour rechercher les titres justificatifs de son Etat, elle étoit dans ces voyages accompagnée du Curé de S. Quentin. Et ce qu'il y a de plus singulier, c'est que le Marquis d'Hautefort avoit pris de-là occasion d'impliquer le Curé de S. Quentin dans cette odieuse procédure qu'il avoit faite à Laval, & de faire décreter ce Curé d'ajournement personnel, comme complice des manœuvres qu'il avoit plû au Marquis d'Hautefort d'imputer à l'Intimée. Par l'évenement, ce Curé a été bien vangé de l'outrage que le Marquis d'Hautefort avoit voulu lui faire ; puisque l'Arrêt du 2. Avril 1729, qui a déclaré nulle cette monstrueuse procédure, & qui a condamné le Marquis d'Hautefort en 20000 liv. de dommages & interêts envers l'Intimée, l'a en même-tems condamné en 1000 liv. de dommages & interêts envers le Curé de S. Quentin. Or dès qu'il est certain que le Curé de S. Quentin a bien voulu aider l'Intimée dans la recherche des titres qui pouvoient établir sa qualité de femme du Comte d'Hautefort, & l'accompagner dans les voyages qu'elle a faits à Laval, où elle a par l'évenement trouvé l'acte de celebration de son mariage, duquel le Greffier Royal de Laval lui a délivré une expédition le 6. Septembre 1727 ; il est évident que le Curé de S. Quentin a eu necessairement connoissance du mariage de l'Intimée, & qu'il y a donné les mains.

Le seul moyen d'abus que le Marquis d'Hautefort propose contre le mariage de l'Intimée, se trouvant invinciblement détruit par les réflexions que l'on vient de proposer, les autres objections que le Marquis d'Hautefort fonde sur ce que ce mariage ne paroît avoir été celebré qu'en presence de deux Témoins ; & sur ce que l'acte de celebration de ce mariage n'a point été inscrit sur les Registres publics, mais seulement sur une feuille volante détachée du Registre, ne méritent pas la plus légere attention.

La circonstance qu'il n'y a que deux Témoins qui ayent assisté à la celebration du mariage dont il s'agit, & qui en ayent signé l'acte, ne peut jamais administrer un moyen d'abus, & l'on se croit d'autant plus dispensé de s'étendre sur ce point, que le Marquis d'Hautefort n'a pas osé lui-même faire valoir cette circonstance comme un moyen d'abus.

Van-Espen au Chapitre que l'on vient de citer nombre 23. établit difertement que les Ordonnances qui exigent la presence de quatre Témoins, ne sont observées à la rigueur dans aucune Province du Royaume, par rapport à ce nombre déterminé de quatre Témoins, & que la presence de deux Témoins suffit pour la validité d'un mariage : Voici comme s'explique ce sçavant Canoniste. *Juxtà Edictum Blesense, Art. 40. requiruntur in Galliâ quatuor Testes, sed quoad hunc numerum Testium, articulum illum in nullâ Regni Provinciâ receptum fuisse Testatur Jennin. N. 989. undè passim & ibidem receptum est duos ad validitatem matrimonii sufficere.*

Et en effet, le Registre de la Paroisse d'Argentré, qui a été apporté au Greffe de la Cour fait foi, que la plûpart des mariages qui y sont inscrits,

n'ont

n'ont été celebrés qu'en presence de deux Témoins.

La circonstance que l'acte de celebration du mariage dont il s'agit, n'est inscrit que sur une feuille volante, qui ne fait point partie d'un Registre public, est encore plus indifferente. Tout l'avantage que le Marquis d'Hautefort peut en tirer se réduit à dire, que la preuve que l'Intimée rapporte de son mariage, n'est point revêtue des caracteres d'authenticité que les Loix exigent ; & c'est par cette raison, que deux Arrêts de la Cour ont jugé que l'Intimée étoit dans la necessité de communiquer à son adversaire l'original même de son acte de celebration, & de le faire verifier ; mais le défaut d'authenticité de la preuve du mariage, ne peut jamais porter d'atteinte au lien du mariage, ni administrer un moyen d'abus. D'autant plus que les Ordonnances qui imposent aux Curez la necessité d'inscrire les mariages qu'ils celebrent sur des Registres publics, tenus dans les formes qu'elles prescrivent, ne prononcent aucune peine contre les Parties, dont les mariages ne seront point inscrits dans les Registres publics ; mais seulement contre les Curez qui négligeront de satisfaire aux obligations que les Loix leur imposent.

Il doit donc demeurer pour certain que le mariage de l'Intimée, dont la verité ne peut plus être révoquée en doute, ne peut être attaquée par aucun moyen d'abus, qui puisse faire la plus légere impression. Le Marquis d'Hautefort convaincu de cette verité, soutient subsidiairement que quand ce mariage ne seroit point jugé abusif, du moins il ne pourroit produire d'effets Civils, parce qu'il a été tenu secret & caché pendant tout le cours de la vie du Comte d'Hautefort, il ne sera pas difficile de démonstrer en peu de mots l'illusion de cette seconde prétention.

SECONDE QUESTION.

Le mariage de l'Intimée peut-il produire des effets Civils ?

Le Marquis d'Hautefort qui soutient que le mariage de l'Intimée ayant été tenu secret & caché depuis sa celebration, jusqu'au moment de la mort du Comte d'Hautefort, ne peut produire d'effets Civils, ne fonde cette prétention que sur l'Article V. de la Declaration de 1639. commençons par en rappeller les termes, pour faire sentir que le Marquis d'Hautefort n'en peut faire aucun usage dans les circonstances particulieres où nous nous trouvons.

Desirant pourvoir à l'abus qui commence à s'introduire dans notre Royaume par ceux qui tiennent leurs mariages secrets & cachés pendant leur vie, CONTRE LE RESPECT QUI EST DU A UN SI GRAND SACREMENT, *Nous ordonnons que les majeurs contractent leurs mariages publiquement, & en face de l'Eglise avec les solemnités prescrites par l'Ordonnance de Blois, & déclarons les Enfans qui naîtront de ces mariages que les Parties ont tenus jusques ici, où tiendront à l'avenir cachés pendant leur vie,* QUI RESSENTENT PLUSTOST LA HONTE D'UN CONCUBINAGE, QUE LA DIGNITE' D'UN MARIAGE, *incapables de toutes successions aussi-bien que leur Postérité.*

Il ne faut pas perdre de vûe que cet article V. de la Déclaration de 1639. est relatif au préambule dans lequel le Legislateur ne s'éleve, & ne déploye

ſa ſeverité que contre les mariages *qui troublent le repos des familles, & flétriſ-*
ſent leur honneur par des alliances inégales , & ſouvent honteuſes & infâmes. Il eſt
donc évident que la peine de la privation des effets civils n'eſt prononcée
par l'article V. que contre les mariages honteux & deshonorans, que leur
turpitude oblige de tenir ſecrets & cachés pendant toute la vie de ceux qui
les ont contraĉtés, par conſéquent cet article eſt abſolument ſans application à l'égard des mariages qui n'offenſent en rien l'honneur des familles,
& dont ceux qui les ont contraĉtés ne doivent point rougir.

Mais quand on fait une attention plus particuliere aux termes mêmes de
cet article, on découvre encore plus clairement l'objet du Legiſlateur.

Suivant les propres termes de cet article, le but du Legiſlateur eſt de *pour-*
voir à un abus qui s'introduit dans le Royaume par ceux qui tiennent leurs mariages
ſecrets & cachés pendant leur vie, contre le reſpeĉt qui eſt dû à un ſi grand Sacre-
ment, & la peine de la privation des effets civils n'eſt appliquée qu'à ces
mariages *qui reſſentent plutôt la honte d'un concubinage que la dignité d'un mariage.*

Or, dans quel cas eſt-il vrai de dire que l'on viole par le ſecret le reſpeĉt
dû au Sacrement du Mariage, & qu'un mariage myſterieux reſſent plutôt la
honte d'un concubinage que la dignité d'un mariage? C'eſt quand ceux
qui ſe ſont mariés, effrayés de la turpitude de leur engagement qu'ils vou-
droient pouvoir eux-mêmes oublier, ſe déterminent pour cacher leur honte
à ne jamais déclarer leur mariage, & à en dérober au public la connoiſſance
juſqu'au moment de leur mort. Voilà l'abus que le Légiſlateur a voulu ré-
primer.

Mais de bonne foi, peut-on ſoutenir que cette Loi rigoureuſe reçoive
ſon application à l'égard des mariages qui n'offenſent en rien l'honnêteté publique, & que ceux qui les ont contraĉtés n'ont eu en vûe de tenir ſecrets
que pendant un eſpace de tems fort court, par des raiſons dont ils ne doivent compte à perſonne, quand il exiſte en même-tems des preuves non
équivoques, que ceux qui ſe ſont mariés ſecretement, avoient un deſſein
formé de déclarer & de rendre public leur mariage dans un tems peu éloigné, & que l'exécution de ce projet n'a été traverſée que par la mort inopinée de l'une des deux Parties? Quiconque voudra conſulter les lumieres
de la raiſon, demeurera convaincu que ce cas ſingulier eſt totalement diffe-
rent de celui que les Loix ont prévu.

Or dans l'eſpece dont il s'agit il eſt bien évident que le deſſein du Comte
d'Hautefort & de l'Intimée n'a jamais été de dérober au Public pendant tout
le cours de leur vie la connoiſſance de leur mariage, & qu'au contraire l'intention du Comte d'Hautefort étoit de déclarer & de rendre public ſon mariage au mois d'Avril 1727. C'eſt ce qui réſulte clairement de ſa lettre,
dont on a déja rapporté pluſieurs fois les termes : *ne vous allarmez pas ſi vîte,*
je vous repete que LE MOIS D'AVRIL NE ME REVERRA PAS DANS CE MAUDIT PAYS.
Vous ſçavez ce que je vous ai dit de mon arrangement, je partirai pour Hauterive,
PERSONNE N'AURA PLUS DE MESURES A GARDER . . . . *ſi je venois à manquer*
AVANT QUE NOTRE MARIAGE FUST DECLARE'. Ces expreſſions ne ſont pas
ambigues, *le mois d'Avril ne me reverra pas dans ce maudit pays.* Il devoit donc
rejoindre l'Intimée au mois d'Avril ſuivant, c'eſt le mois d'Avril 1727, car
cette lettre eſt du mois de Novembre 1726 ; *vous ſçavez ce que je vous ai dit*
de mon arrangement. Il y avoit donc un arrangement concerté entre le Comte

d'Hautefort & l'Intimée, & quel étoit cet arrangement? Le Comte d'Hautefort devoit se rendre à Hauterive, & alors personne ne devoit plus avoir de mesures à garder : *je partirai pour Hauterive, personne n'aura plus de mesures à garder*. Si personne ne devoit plus avoir de mesures à garder au mois d'Avril 1727, aussitôt que le Comte d'Hautefort se seroit rendu à Hauterive, il ne devoit donc plus y avoir de mystere sur le mariage du Comte d'Hautefort & de l'Intimée?

Il est vrai que par l'évenement le Comte d'Hautefort est mort sans avoir rendu son mariage public; mais l'époque de sa mort est-elle posterieure au tems auquel il nous apprend par sa lettre que *personne n'aura plus de mesures à garder ?* Non, sa mort est arrivée à Paris le 7 Fevrier 1727, pendant que l'Intimée étoit au Château de S. Quentin, éloignée de lui de plus de soixante-dix lieues. Et dans quelles circonstances le Comte d'Hautefort est-il mort? Dans un tems où il étoit nommé pour commander les Vaisseaux du Roy armés à Brest & à Toulon, Commandement qu'il devoit prendre à la fin d'Avril ou au commencement de May 1727, & dans un tems où il se regardoit si peu comme menacé d'une mort prochaine & inévitable, que la veille même de sa mort ayant reçu par la Poste differentes lettres, du nombre desquelles il y en avoit une écrite par l'Intimée, il se fit lire tranquillement par un de ses domestiques nommé Etienne Gobu, dit Bourguignon, les lettres qui lui étoient écrites par d'autres que par l'Intimée, & commanda à ce même domestique de conserver avec soin la lettre de l'Intimée, parce qu'il vouloit la lire en son particulier lorsqu'il se porteroit mieux; & après la mort du Comte d'Hautefort qui arriva le lendemain 7 Fevrier 1727, à neuf heures du matin, ce domestique remit la lettre de l'Intimée toute cachetée entre les mains de Mandeix le plus ancien des domestiques du Comte d'Hautefort, qui est actuellement au service du Marquis d'Hautefort. Ce fait important a été constaté dans le cours du Procès criminel par la déposition de ce domestique, qui a perseveré au récolement & à la confrontation.

Quand on rassemblera tous ces faits sous un même point de vûe, on demeurera convaincu que l'article V. de la Declaration de 1639, ne peut jamais recevoir d'application au cas où nous nous trouvons, parce que si le Comte d'Hautefort est decedé le 7 Fevrier 1727, avant que son mariage fût declaré, il est du moins certain & prouvé par écrit que le dessein du Comte d'Hautefort étoit de déclarer son mariage au mois d'Avril suivant, & qu'il auroit executé son dessein, s'il n'avoit pas été surpris par une mort inopinée.

Et en effet, que l'on consulte tous les Arrêts qui ont appliqué la peine prononcée par l'article V. de la Declaration de 1639, il ne s'en trouvera pas un seul qui soit intervenu dans une espece semblable à la nôtre. Ils ont tous été rendus à l'occasion de mariages honteux & deshonorans, ou par la prodigieuse inégalité des conditions, ou par le dereglement des mœurs.

Le Marquis d'Hautefort a essayé d'en citer un du 26 May 1705, rapporté dans le premier Volume du Recueil des Arrêts notables. Mais en verité il n'est pas heureux dans le choix des préjugés qu'il appelle à son secours.

Dans l'espece de cet Arrest il s'agissoit d'un de ces mariages qui flétrissent l'honneur des familles par des alliances inégales. Ce mariage avoit esté contracté par le Sieur Sonnet de la Tour Tresorier des Suisses, Charge importante & honorable; mais quelle étoit celle qu'il avoit épousée, une nommée

Marie Jonvelle ouvriere du Palais, demeurante rue de la Savaterie. Il s'étoit écoulé un intervalle de onze mois entre la celebration·de ce mariage & le decès du Sieur Sonnet de la Tour. Marie Jonvelle avoit continué de de-meurer paisiblement dans sa chambre rue de la Savaterie, quoique le Sieur Sonnet de la Tour eût loüé depuis son mariage dans la rue Christine un ap-partement plus considerable que celui qu'il occupoit au tems de son maria-ge rue Mazarine. Marie Jonvelle avoit toujours dissimulé son Etat, & M. l'Avocat General le Nain remarqua que ce déguisement *faisoit assés connoître quelle avoit été l'intention des parties, & que la qualité de femme du Sieur Sonnet étoit trop honorable à Marie Jonvelle pour croire qu'elle l'eût negligée, si le Sieur Son-net lui eût permis de la prendre.* Ces termes dans lesquels M. le Nain s'expliqua, meritent une attention singuliere. Ils nous prouvent clairement que M. le Nain, dont les Conclusions furent suivies par l'Arrest dans cette partie, ne se détermina à conclure contre Marie Jonvelle à la privation des effets civils, que parce qu'il étoit constant que le déguisement dont Marie Jonvelle avoit usé dans differens Actes posterieurs au mariage, prouvoit *quelle avoit esté l'in-tention des parties,* & que le Sieur Sonnet n'avoit jamais voulu permettre à Marie Jonvelle de prendre la qualité de sa femme, parce qu'un homme de son état rougissoit·avec raison d'un mariage qu'il avoit eû la foiblesse de con-tracter avec une ouvriere du Palais. Quand on fera attention aux circonstan-ces dans lesquelles cet Arrest de 1705 est intervenu, on fera surpris que le Marquis d'Hautefort ait presumé de le citer dans notre Cause.

Il ne reste plus qu'à trancher en un mot la question qui concerne la Quit-tance de dot de 75000 livres.

TROISIEME QUESTION.

L'Intimée est-elle bien fondée à demander la restitution des 75000 livres de dot contenues en la Quittance du 2 Octobre 1726.

Pour se déterminer sur cette question, il ne faut que se rappeler les termes de cette quittance entierement écrite de la main du Comte d'Hautefort & signée de lui.

J'ai reçu de Madame d'Hautefort la somme de 75000 liv. PORTE'E PAR NOTRE CONTRAT DE MARIAGE, *& lui donne cette presente reconnoissance pour plus gran-de seureté , & pour lui être bonne , en foy de quoi j'ai écrit & signé,* Gille d'Hautefort à Hauterive ce 2 Octobre 1726.

De toutes les pieces que l'Intimée produit voilà celle qui scandalise le plus le Marquis d'Hautefort. Mais quelque désagréable que lui soit cette piece sur la verité de laquelle il n'est plus aujourd'hui permis de former des doutes, il n'y a pas d'apparence qu'il parvienne à se soustraire à la condam-nation prononcée contre lui par la Sentence du 22 Juillet 1732. sur le fon-dement de cette quittance.

Si par un évenement extraordinaire le Comte d'Hautefort avoit survêcu à l'Intimée, auroit-il eû des moyens pour se défendre de la restitution d'une dot qu'il avoit si expressément reconnu avoir reçue de l'Intimée ? Comment donc se peut-il faire aujourd'hui que le Marquis d'Hautefort, neveu & Le-gataire universel du Comte d'Hautefort son oncle, des faits duquel il est ne-

cessairement

cessairement tenu, soit dispensé de restituer à la Veuve de son oncle une dot de la reception de laquelle le Comte d'Hautefort s'est chargé envers l'Intimée.

Le Marquis d'Hautefort a beau se récrier que cette quittance n'a aucun des caracteres d'une quittance de dot serieuse & legitime, si cette quittance étoit portée par un acte dont il fût resté une minute chez un Notaire, elle seroit plus authentique ; mais elle ne seroit pas plus obligatoire dès qu'elle se trouve écrite & signée d'un majeur qui jouissoit de l'integrité de son état, & dès que les termes dans lesquels elle est conçue, annoncent qu'elle est rélative à un contrat de mariage, qui à la verité ne paroît point aujourd'hui, mais duquel il est prouvé par écrit, que le Comte d'Hautefort s'étoit consti-tué dépositaire envers l'Intimée.

Est-il vrai que le Comte d'Hautefort se soit rendu dépositaire de ce con-trat de mariage envers l'Intimée ? La lettre du Comte d'Hautefort du 17 Decembre 1726, ne laisse aucun doute sur ce point. *Vous aviez raison*, dit-il dans cette lettre, *en arrivant à Paris, j'ai trouvé ce que je croyois vous avoir donné à Hauterive, le tout est ensemble avec notre contrat de mariage dans ma caffette avec sûreté.* C'est ainsi que le Comte d'Hautefort s'explique dans une lettre signée de lui, & entierement écrite de sa main. Jamais le Comte d'Haute-fort ne pouvoit plus énergiquement reconnoître qu'il avoit entre ses mains son contrat de mariage avec l'Intimée , & que ce contrat de mariage étoit en sûreté dans sa cassette. Et quoique par l'évenement , l'Intimée ait eû le malheur de succomber dans une accusation qui avoit pour objet de pour-suivre la vengeance de la suppression des titres justificatifs de son état, du nombre desquels étoit ce contrat de mariage ; toute la conséquence qu'on peut tirer de l'Arrest qui a renvoyé le Marquis d'Hautefort de cette accusa-tion, est qu'on ne peut pas lui imputer un délit qui consiste dans la suppres-sion de cette piece ; mais ce même Arrêt réserve à l'Intimée son action civile , & le Marquis d'Hautefort ne peut aujourd'hui s'en défendre comme legataire universel de son oncle , dont la succession est necessairement char-gée d'un dépôt confié au Comte d'Hautefort , & duquel il ne paroît point que le Comte d'Hautefort ait fait la restitution. Tant que ce contrat de ma-riage ne paroîtra point , il faudra necessairement s'en tenir à l'énonciation de la quittance du 2 Octobre 1726, & regarder la somme de 75000 livres, dont il y est parlé , comme portée par le contrat de mariage.

Le Marquis d'Hautefort doit d'autant moins se flatter d'échapper à la con-damnation de la somme contenue en cette quittance , que l'Arrêt de 1705. qu'il a cité, & qui a privé des effets Civils Marie Jonvelle , Veuve du Sieur Sonnet de la Tour , a cependant condamné ses Heritiers à restituer à Marie Jonvelle la dot de 10000 liv. que le Sieur Sonnet de la Tour avoit reconnu par son Contrat de Mariage avoir reçûe d'elle , quoiqu'il fût bien évident qu'une Ouvriere du Palais , qui ne gagnoit que quinze ou vingt sols par jour , n'avoit jamais été en état d'apporter à son mari une dot de 10000 liv.

Mais , dira-t'on , la reconnoissance de la dot de Marie Jonvelle étoit por-tée par le Contrat de Mariage anterieur à la celebration du mariage ; & par conséquent , ne pouvoit jamais être consiserée comme un avantage fait par un mari à sa femme dans un tems prohibé , au lieu que la quittance dont il s'agit , du 2. Octobre 1726. se trouve postérieure de plusieurs jours à la ce-

G

lebration du mariage du 19 Septembre précédent, d'où il suit que tant que l'Intimée ne justifie point l'origine de cette somme de 75000 liv. la reconnoissance dont il s'agit, doit être regardée comme un avantage prohibé par les Loix, suivant la regle si connue, *qui non potest donare non potest confiteri.*

Les réponses à cette objection se présentent d'elles-mêmes.

1°. De la maniere qu'est conçûe la quittance que l'Intimée représente, on a lieu de présumer que son Contrat de Mariage étoit chargé d'une semblable reconnoissance, puisqu'il est dit dans cette quittance que cette somme de 75000 liv. étoit *portée par notre Contrat de Mariage,* & que le Comte d'Hautefort y a ajoûté qu'il *donnoit cette présente reconnoissance pour plus grande sûreté & pour lui être bonne.* Cette plus grande sûreté ne pouvoit consister qu'en ce que le Comte d'Hautefort administroit à l'Intimée un titre qui le chargeoit envers elle de la restitution de cette somme, quoiqu'il en fût déja chargé par un autre titre qu'il ne lui remettoit point, & qu'il gardoit en sa possession.

2°. Quand il demeureroit pour certain que le Comte d'Hautefort ne se seroit constitué débiteur de ces 75000 livres que par la seule reconnoissance du 2 Octobre 1726, on ne seroit pas pour cela autorisé à regarder cette reconnoissance comme un avantage prohibé par les Loix, soit parce qu'il est très-naturel de penser qu'une personne de la naissance & de la condition de l'Intimée a pu sans effort apporter à son mari une dot de 75000 livres, soit enfin parceque quand on seroit tenté de regarder cette reconnoissance comme un avantage que le Comte d'Hautefort auroit voulu faire à l'Intimée, il n'estoit point constitué par les Loix dans l'impuissance d'avantager sa femme, dès qu'il possedoit une Terre considerable qu'il avoit acquise en 1720, dont la valeur excede de beaucoup les 75000 livres énoncées dans la Quittance du 2 Octobre 1726, & qui est située aux portes de Noyon, dont la Coutume, article 21, permet aux conjoints par mariage de se donner l'un à l'autre tous leurs meubles, acquêts & conquêts immeubles, même dans le cas où ils auroient des enfans, sauf la légitime des enfans. Mais cette reflexion n'est que subsidiaire : le point capital & décisif est que la Quittance du 2 Octobre 1726, ne peut jamais être envisagée que comme une veritable Quittance de dot, dès qu'elle est relative à un Contrat de mariage, qui à la verité ne paroît point aujourd'hui, mais dont le Comte d'Hautefort s'est reconnu par écrit dépositaire envers l'Intimée.

Tout se réunit donc dans cette affaire en faveur de l'Intimée ? Son mariage avec le Comte d'Hautefort est à l'abri de toute critique ; le seul moyen d'abus que le Marquis d'Hautefort oppose porte à faux & dans le droit & dans le fait. Dans le droit, parce que le mariage dont il s'agit n'a rien qui ressemble à ces conjonctions malheureuses, contre lesquelles nos Loix s'élevent avec tant de force. Dans le fait, parce que le Curé d'Argentré estoit évidemment le propre Curé du Comte d'Hautefort, *Seigneur de la Paroisse d'Argentré,* & domicilié dans le Château d'Hauterive qui avoit esté la demeure de ses peres, & qu'il avoit recueillie dans leurs successions. Le Marquis d'Hautefort n'est pas mieux fondé à prétendre que ce mariage ne peut pas produire d'effets civils, quoiqu'il n'eût point esté rendu public avant la mort du Comte d'Hautefort, parce qu'il est prouvé d'un côté que le dessein du Comte d'Hautefort eſtoit de le déclarer au mois d'Avril **1727**. & parce que d'un autre côté il eſt cetain que le Comte d'Hautefort a eſté ſurpris d'une mort inopinée, qui ſeule l'a empêché de rendre à l'Intimée la juſtice qu'il lui devoit. Enfin, le Marquis d'Hautefort ne peut jamais ſe ſouſtraire à la neceſſité de reſtituer une dot que le Comte d'Hautefort a reconnu avoir reçûe par un Acte écrit & ſigné de ſa main, relatif à un Contrat de mariage dont il s'étoit rendu dépoſitaire à l'égard de l'Intimée. Rien ne peut donc plus arrêter la déciſion définitive qui doit aſſurer à l'Intimée ſon état, & terminer des conteſtations épineuſes dont elle ne peut attendre qu'un ſuccès favorable, dès qu'elle a le bonheur d'être jugée par un Tribunal auguſte, où le crédit & la protection ne peuvent rien contre la verité & la juſtice.

Mᵉ AUBRY, Avocat.

CAMUS, Procureur.

De l'Imprimerie de la Veuve LE MERCIER, 1734.